UNE ÉDITION ALLEMANDE

DES

CHANSONS D'ADAM DE LA HALLE

LE TROUVÈRE ARTÉSIEN

COMPTE RENDU

PAR

A. GUESNON

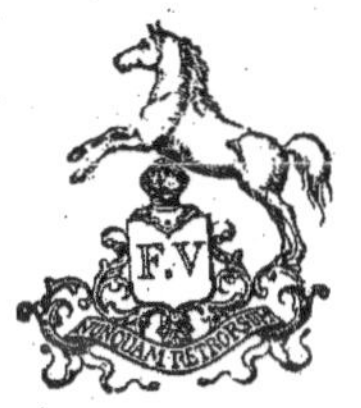

PARIS
LIBRAIRIE ÉMILE BOUILLON, ÉDITEUR
67, RUE DE RICHELIEU, AU PREMIER
—
1901

UNE ÉDITION ALLEMANDE

DES

CHANSONS D'ADAM DE LA HALLE

LE TROUVÈRE ARTÉSIEN

COMPTE RENDU

PAR

A. GUESNON

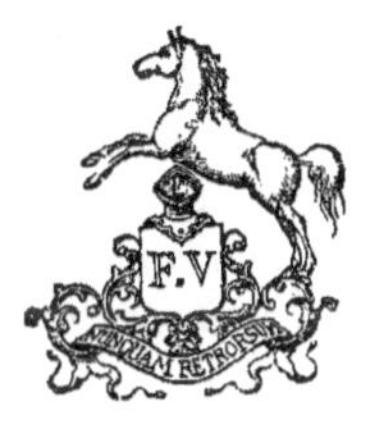

PARIS
LIBRAIRIE ÉMILE BOUILLON, ÉDITEUR
67, RUE DE RICHELIEU, AU PREMIER

1901

Rudolf BERGER. — **Canchons und Partures des altfranzœsischen Trouvere Adan de le Hale le Bochu d'Aras**, herausgegeben von Rudolph Berger. Erster Band : Canchons. — Halle a. S., Max Niemeyer, 1900; petit in-8°, 530 p.

Le poète chansonnier dont le nom figure en tête de ce volume, sous une forme d'ailleurs équivoque, est en train de prendre une revanche éclatante de l'oubli qui, pendant cinq siècles, a pesé sur sa mémoire. Au delà du Rhin, comme en deçà, son nom est aujourd'hui proclamé par tous les échos de la langue et de la littérature française au moyen âge. A peine la thèse de M. Henry Guy sur la vie et les œuvres du trouvère artésien est-elle entrée dans la grande circulation, que l'Allemagne nous envoie, comme contre-partie, le livre dont M. Rudolph Berger vient de faire à son tour une thèse de doctorat.

Rien de plus caractéristique que le contraste de ces deux publications parallèlement universitaires et de physionomie si dissemblable : l'une, synthèse brillante où l'élégance du style s'unit à l'art de la composition pour dissimuler au lecteur les aridités du sujet; l'autre, œuvre de laboratoire philologique, travail technique de patience et de conscience, enregistrant au cours d'une vaste et minutieuse enquête toutes les constatations qui, de près ou de loin, concernent l'objet de ses recherches.

Cette enquête, commencée au sortir de l'école avec toute la ferveur du néophytisme et poursuivie pendant dix ans avec une constance de bénédictin, l'auteur s'apprête à nous en donner les résultats dans les publications suivantes : 1° une édition critique des œuvres d'Adam de la Halle, et tout d'abord des chansons et des partures ; 2° une anthologie de partures inédites de ses confrères du Puy d'Arras ; 3° un tableau morphologique du dialecte de cette ville à la même époque, avec détermination précise des limites topographiques dans lesquelles il était circonscrit ; 4° enfin, une biographie détaillée du trouvère artésien, d'après un ensemble de matériaux qui n'auraient pas encore été réunis en nombre aussi considérable.

Tel n'était pas l'ordre adopté dans le principe; l'auteur a modifié son programme : le désir de mettre à profit certains travaux français récemment publiés lui a fait rejeter à la fin ce qu'il destinait au commencement, la biographie et le tableau.

Pour ce qui est de la biographie, on ne perdra rien à l'attendre, car, à en juger par le titre, elle ne semble pas au point. Le vrai nom du poète, en effet, c'est *Adan le Bochu,* nom propre et patronyme ; *de la Halle* est une désignation complémentaire tirée de l'emploi du père au siège de l'échevinage. Ce surnom doit conséquemment ne venir qu'en second ordre, après le nom de famille. S'il le supplée dans l'usage, c'est par abréviation ; jamais il ne le précède dans les manuscrits. Lui subordonner le mot *Bossu*, comme dans le titre, c'est faire du nom le sobriquet et donner au lecteur français l'impression qu'Adam devait être difforme, injure contre laquelle il a lui-même protesté à l'avance. La transposition est donc injustifiée et inacceptable.

Il est tout aussi peu exact d'appeler son neveu *Jëan Madot le Bochu* (p. 10). Le ms. B. N. fr. 375 porte simplement : « Cis Jehanes Mados ot nom. » Jehan Mados figure dans un acte de 1277. Le *Nécrol. de la confr. des Jongl.* inscrit Jehans Madoc en 1288[1]. Quant au *Jehans Boçus li artésiens* de Raoul de Houdenc, rien ne permet de supposer que ce soit Jehan Madot ; M. Berger lui-même est d'un avis contraire. On n'est donc pas autorisé à réunir les deux noms.

Comme tous ses devanciers, M. Berger croit encore à l'exil d'Adam ; il en reproduit même implicitement la date (p. 469). Nous pensons avoir fait justice de cette fable, si souvent rééditée depuis soixante ans : elle provient d'une confusion entre deux homonymes cités par Fastoul dans son *Congé*[2].

Sur cette légende s'est développée, comme toujours, la végétation parasitique des gloses, celle de M. Berger, par exemple attribuant la cause réelle d'un exil imaginaire aux rancunes de l'évêque et des

1. Il mourut à la Pentecôte, quelques mois après avoir écrit l'*explicit* en vers qui nous donne son nom. Cette pièce datée de la même année serait du mois d'avril, et permet d'attribuer sa mort à un refroidissement.

2. V. le *Moyen Age*, an. 1900, p. 158-159. Tirage à part : *La Satire à Arras*, p. 108-109. — Cf. *Hist. litt.*, t. XX, p. 661.

clercs contre un transfuge coupable d'avoir jeté bas le froc ou la robe,

A le grant saveur de Vaucheles[1].

Ce vers de la fameuse tirade, prétendument autobiographique, sert de clef de voûte à l'autre épisode de la jeunesse du trouvère. Sans rompre avec la tradition pour qui le Vaucelles en question doit être, on ne sait pourquoi, l'abbaye de Crèvecœur, plutôt que le *Vauchelles* des marches de Picardie, quoique plus rapproché d'Arras[2], M. Berger voit dans ce mot bien autre chose, selon l'équivoque saugrenue qu'il prête sur « vaucelle » à l'indiscret amant de Maroie (p. 219). Si cette interprétation naturaliste vient à prévaloir, c'en est fait de la légende; le séjour du jeune clerc à l'abbaye cistercienne ira rejoindre son exil à Douai. Mais M. Berger n'en est pas encore là. Il ajoute même un détail inédit à la première scène de ce roman d'amourettes: quand « le jeune moine » rencontra Maroie, c'était, croit-il, dans un bois épais où il s'exerçait à des travaux d'arboriculture! (p. 449). Espérons que la prochaine biographie éclairera d'un jour moins incertain les obscurités de cette intéressante question.

Pour le moment, nous aurions surtout besoin d'une autre lumière, celle du tableau grammatical. Ce guide indispensable nous fait malheureusement défaut. Or, dans l'ignorance où nous sommes du système appliqué par le nouvel éditeur à l'établissement de son texte, tout examen de ce travail ne peut que marcher à l'aventure, au risque de s'égarer. Aussi eussions-nous volontiers différé ce compte rendu jusqu'à plus ample information, maintenant surtout que des juges d'une haute compétence ont donné leurs appréciations[3], n'était l'urgence d'une promesse qui ne souffre plus de remise. Exécutons-nous donc, en évitant, autant que possible, de répéter ce qui a été dit ailleurs avec plus d'autorité et mieux que nous ne saurions le faire.

Le volume publié comprend trente-six chansons d'Adam et deux chansons apocryphes. Chacune d'elles forme un chapitre à part, où elle est étudiée sous toutes ses faces et d'après un plan méthodiquement uniforme. En tête de chaque section, un exposé bibliographique indique dans le plus grand détail et avec une exactitude parfaite les

1. *Li jus Adan*, v. 169.

2. Contigu à Beauquesne, siège de la prévôté royale où ressortissait l'Artois.

3. V. dans la *Romania* (t. XXX, p. 138-149) le compte rendu de M. A. Jeanroy, suivi des observations complémentaires de M. Gaston Paris, et dans la *Revue critique* (an. 1901, n° 2, 14 janv.) le compte rendu de M. Henry Guy.

sources manuscrites et les éditions ; vient ensuite le texte de la chanson suivi de sa traduction littérale ; puis un exposé minutieux des particularités relatives à la métrique de la pièce ; enfin un copieux commentaire exégétique, philologique, historique, même littéraire.

Quand on considère le temps et la peine qu'un pareil travail a dû coûter, le dépouillement et la collation de dix-neuf manuscrits disséminés aux quatre coins de l'Europe, l'examen microscopique des textes, leur interprétation, leur traduction, la masse énorme des références amenées à pied d'œuvre et les innombrables indications des sources utilisées, il semble qu'il ne doive y avoir place que pour l'éloge dans l'appréciation d'une œuvre d'aussi longue haleine, aussi vaillamment poursuivie.

Cependant, malgré la vive sympathie qu'elle inspire, et tout en rendant à un effort aussi méritoire la justice qui lui est due, on ne peut nier que cet effort même ait manqué de mesure et dépassé le but : l'économie du livre trahit l'exagération.

Ce reproche ne peut concerner la notice mise en tête de chaque pièce, travail préparatoire qui comprend le relevé des variantes : dans une édition essentiellement critique, on ne pouvait lui donner trop d'importance, et c'est encore elle qui tient le moins de place.

Que dire, au contraire, de l'exercice de métrologie appliqué à chacune des chansons ? On comprend l'utilité d'un schéma figurant le rythme de la strophe ; mais à quoi bon cette statistique particulière des rimes, leur minutieuse classification en rimes léonines, riches, homonymes, doubles, équivoques, assonantes (grammatische Reime), etc. ? On voudrait au moins connaître le but de cet appareil didactique, et rien ne le révèle.

Ce n'est pas tout ; après le compte des rimes et des hiatus vient celui des allitérations : **v**o **f***ache* **p***olie* (*v : p : f*) allitération faible (p. 56) ; **b***iau* **s***anlant* **s***am* **v***ilenie* (*b : v — s : s*) double allitération (*ibid.*) ; *d'***a***mour* **a***rjant l'***a***meroit* (*a : a : a* — p. 71) ; **d***e* **d***ame ou* **d***e* **d***amissele* (*d : d : d : d* — p. 165), et ainsi de suite. En se laissant aller aux entraînements de cette micrologie scolaire, on finit par voir un monde dans chaque syllabe, un mystère dans chaque lettre : ce n'est même plus de la métrique, c'est de la cabalistique.

Malgré la longueur de ces analyses sans synthèse, leurs cinquante pages sont encore bien en deçà du commentaire critique, qui en compte trois cents. C'est là que M. Berger nous met à même d'apprécier toute l'étendue de son savoir, en donnant libre cours aux souvenirs philologiques, historiques et littéraires de ses laborieuses recherches.

Profondément imbu de la doctrine des maîtres savants dont il se réclame, MM. les professeurs Tobler, de Berlin, et Suchier, de Halle, familiarisé avec la lecture des trouvères et des troubadours, M. Berger trouve, dans chaque page de son texte, matière à une foule de remarques, de comparaisons, de développements auxquels il s'abandonne avec une extrême complaisance. Sous sa plume intarissable, les notes s'allongent et deviennent des dissertations. Le « sire d'Amiens » nous vaut sept pages d'histoire locale (p. 326-333), la « rose et ses épines » douze pages d'allégories (p. 395-408). Et dans ces pages, quel entassement de références bibliographiques, de mentions d'auteurs, d'extraits en prose et en vers empruntés à toutes les littératures, même au vieux persan !

Si l'ouvrage était en latin — et combien ne s'en plaindraient pas ! on le croirait d'un savant du XVIe siècle : même allure scolastique, même luxe de preuves, de citations, de témoignages, même intempérance d'érudition. Il fait songer malgré soi au docteur Mathanasius dans le *Chef-d'œuvre d'un inconnu* : deux cents pages de commentaires sur cinq couplets de chanson !

Le plus fâcheux de l'affaire, c'est que le principal a pâti de l'hypertrophie des accessoires. Partagée entre une foule d'objets divers, l'attention de l'éditeur a laissé passer dans les textes certaines inconséquences orthographiques et de trop nombreuses fautes d'impression.

Déjà, dans l'édition princeps des œuvres complètes du trouvère, la même cause avait produit les mêmes effets. Beaucoup moins romaniste que musicologue, E. de Coussemaker, plongé dans la notation du chant, perdait trop facilement de vue le sens des paroles et leur enchaînement ; on le voit à la ponctuation. Quand ses inadvertances lui furent signalées, il était trop tard, le tirage était fait. Notre errata de neuf pages, improvisé sur sa demande au hasard de la lecture des bonnes feuilles, sans le secours des manuscrits[1], ne pouvait être qu'un palliatif insuffisant, un pis aller en attendant mieux.

Tôt ou tard, en effet, l'heure devait venir où le travail serait repris, mais cette fois sur d'autres bases. Choisir, comme on le faisait alors, un manuscrit dans le nombre, l'imprimer textuellement en se con-

1. Et sans l'assistance aujourd'hui si précieuse des dictionnaires de La Curne de Sainte-Palaye et de Godefroy, qui n'étaient pas encore publiés.

tentant de reproduire au bas des pages les variantes des autres copies, c'était laisser au lecteur le travail à faire et l'embarras du choix. Aujourd'hui la critique croit devoir lui épargner cette peine, en déterminant elle-même la valeur respective des diverses leçons. Pour y parvenir, elle s'attache d'abord à établir la filiation des textes, de manière à remonter de proche en proche, sinon jusqu'à l'ancêtre commun, du moins jusqu'au plus ancien représentant de chaque famille.

M. Berger avait donc le choix entre les deux systèmes, l'ancien et le nouveau. Il n'a suivi ni l'un ni l'autre. S'il a risqué, en tête des premières chansons, une ébauche de classement[1], c'est plutôt par acquit de conscience. Au fond, son principe est tout différent; voici comment il le formule: Dans la publication des textes, on doit introduire partout uniformément les résultats de l'enquête philologique[2], autrement dit, conformer la pratique à la théorie.

Quelle est donc cette théorie dont l'édition nouvelle est une première application? C'est ce que l'auteur se réserve de nous dire dans le traité grammatical qu'il prépare sur l'idiome d'Adam reconstitué par lui d'après les documents contemporains.

Provisoirement, les constatations suivantes donneront, faute de mieux, un aperçu de la graphie adoptée, en même temps qu'elles en signaleront les anomalies.

1. Les monosyllabes *en, on, con, men, sen, san, un* changent l'*n* en *m* devant les mots commençant par une labiale *b, p, v, f, m*. — *En tout ou em partie, em vous, n'em mesdis, em fais et en dis, J'em val mius, em feroie, s'em fuit, m'em pouroit.* — Noter *ne l'em laist perchevoir* (XV, II, 7) et *n'en laissies convenir* (XII, IV, 8). L'adverbe *en* garde rarement son *t* étymologique (✠. IX, VI, 4, XXI, III, 2, XXIV, IV, 4).

Om voit tant oume effronte, om me defent, doit om bien, voit om plus, en a om fors par sotie. — Noter *dont mains on* (hom, oume) *est abaubis* (XIII, I, 2).

Com plus. — Noter *con fins amans* (III, V, 7, XXIX, II, 10).

Mem païs, mem malage, mem vis, mem fol erement. Sem vouloir, sem mal, sem viaire.

Sam veer, sam vilenie, sam boudie, sam partir, sam plus. Noter

1. M. Jeanroy a refait ce travail dans son article de la *Romania*.

2. ... die Resultate der sprachlichen Untersuchung auch wirklich praktisch in den Text überall gleichmässig einzuführen (p. 3).

sans plus (XII, I, 9), *sans manechier* (XVI, I, 5), *sans mesprison* (XXVI, I, 8). *San* ne se rencontre pas.

Car i sont en um viaire (VIII, IV, 5), exemple unique de *um* pour *un*.

En composition, au contraire, la nasale persiste : *aconplir, conperer, enpirier, sinple, ramenbranche, essanple, sanler, unle*[1]. — Noter *embler* (XXI, V, 6).

2. *Il* perd son *l* devant les consonnes : *coi k'i soit, ou i s'aaire, i dist, i m'est avis, car i sont, si k'i doit*, etc. — Noter *or ont il deus tans* (XX, IV, 7), *monstre il k'ele* (XX, V, 4), *s'il voient* (XXX, III, 5).

3. Le *q* et *qu* disparaissent totalement : ils sont remplacés, quelquefois par *c* : *car, coi, cant, c'uns, c'onkes, cariaus*, généralement par *k* : *ki, ke, kel, onkes, kiert, kis* (quærit, quæsitum) et les composés *akiert, conkerai, rekere, pourkiert ; kerele, conkester, akiter, keroie* (crederem). De plus, le *k* équivaut au *ch* français : *hakie, frankise, pekies, akiever, enkieris, trebukier*, etc.

4. Le *j* est préféré au *g* doux dans *serjant, arjant, canjans, alejance ; sourjon, jehir, jesir*. Noter *gissans* (X, III, 2). Conservent le *g* (dur ?) *goie, goious, gouir, goiant, resgoui, congoui*.

5. Le *g* mouillé disparaît dans *inorance, linie, dines*, et reparaît dans *dignes* (IX, III, 2), *daignies, ensignie, engignier, temougnier*. — Noter *eslonguier, menguier* (XXVII, IV, 9 et V. 2).

6. L'*h* initiale tombe dans *om, oume, oumage, umaine, umelie, unle*[1], *enour, ouneranche ; anter ;* et l'*h* médiale dans *jeïr, enorte, beours, traïr*. Noter *jehir* (XXIV, III, 1), *trahis* (XIII, IV, 1).

7. *Ou* pour *on* : *oume, boune, coument, douner, couvoite, counoist, boudie* (XIII, V, 6). — Noter *bondie* (VI, I, 6), *convient* et *couvient* (VI, I, 5, et VI, 4).

Ou pour *eu* : *jou, chou, lour, enour, flour, douchour, vigour, savour, erour, valour, doulour, coulour, paour, freour, millour ;* et aussi pour *u* : *ouni, amertoume*. Les dérivés des adj. latins en *osus* prennent tantôt *eu* tantôt *ou* à la terminaison, et les trisyllabes assourdissent la pénultième : *amereus, amereuse*, ailleurs *ameureus, ameureuse* (XV, I, 1, XIV, IV, 3) ; *saveureuse*, etc. — Noter *amerous* (I, I, 1), *goious* (XVII, V, 7), *pressious* (XII, III, 8) et *pressieus* (VIII, II, 3).

1. L'auteur applique son système graphique même aux textes qu'il cite de seconde main : ainsi *D'une tres humble estincele*, emprunté à Scheler, devient *D'une tres unle estinchele*. Note X, III, 5, p. 170.

8. *Oin* devient *on* dans *jontes, pont, conte, lon;* il devient *ou* dans *temounage, temougner, souneuse, mounes,* etc.

9. L'*l* non mouillée dans *traval* (IV, I, 2 et XV, I, 5), *parel* (XXII, IV, 4) se mouille dans *baillie, vaillans, merveille, vueillies.*

10. L's, supprimée six fois dans *cacun* (III-XI) reparaît quatre fois dans *cascuns* (XVII, III, 2, XX, I, 8, XXVII, I, 4, XXX, V, 8). L's de *fors* est maintenue partout, sauf dans *for le male fuison* (XV, I, 4) et *car onkes for moi ne vi* (XXII, V, 5). *Ver* (versus) et *enver* perdent l'*s*, *sens* (sensus) la conserve. — Noter *elarguir* (XVIII, V, 7) à côté de *eslonguier* (XXVII, IV, 9); *mesdire* a une *s*, *mefaire* ne l'a pas (XXIV, III, 2, XVVIII, I, 11).

11. Le doublement étymologique des consonnes n'a pas lieu. On écrit *alegier, apeler, apris, afamer, soufrir, soufisans, erour, nourir, metre;* et au futur et au conditionnel, *sara, vaura, poura, conperai, conkerai, pouroit, mouroie.* — Noter *effronte* (XXVIII, II, 3). — L'*s* forte, au contraire, se double entre deux voyelles et correspond à *c*, *sc*, *x*: *visse, servisse, grasse, pressieus, demissele, gissans, dessendre, essanple, maissele.*

12. Le *t* final de *tout* a disparu dans *tou che me fait* (II, II, 4), *de tou che* (XIII, III, 2), *tou chou* (XXVII, II, 1). Nous le retrouvons dans *en tout ou em partie* (II, III, 5), *tout sen jouvent* (XX, II, 9), *tout perch* (XXVI, IV, 8).

13. Le *v* remplace le *b* dans les terminaisons *able, ible,* et dans le corps de certains mots devant une *l*: *estavle, delitavle, ouvli, ouvlier, afevlie.*

14. La première personne du sing. de l'indic. prés. prend la finale *ch* dans *peuch, fach, sench, perch, afierch, douch, atench.* — Noter *crien* = tremo, *tien* = teneo, *plain* = plango, *ain* = amo, celui-ci avec les variantes *aim mius* (XIX, II, 10), *ki aime enour* (XIII, IV, 4).

15. A cette même personne *vo, do, a, fa, su,* avec inversion du sujet, remplacent la forme habituelle *voi, doi, ai, fach, sui: Or vo jou bien* (XXX, I, 1), *Do jou bien estre cantans* (X, I, 3), *N'a je mie mains amé* (XXVIII, I, 3), *Fa jou savoir ou folie* (XXII, VI, 2), *Si su je lies* (XXX, IV, 3). — Noter *Si doi en gre recueillir,* pour *si do j'en gre* (XIV, III, 5).

En laissant de côté la question réservée des formes plus ou moins spéciales à Arras, ou même à l'Artois, on s'explique par ce qui précède la physionomie particulière de l'édition nouvelle. L'application d'une graphie systématique caractérisée par l'adoption de certaines règles fixes et de certaines formes, à l'exclusion des équivalences accoutumées, voilà ce qui lui donne cet aspect rectiligne que ne présentent pas au même degré les manuscrits du temps.

On peut se demander comment le trouvère s'accommodera de ce costume rigide, « sprachliches Gewand », que la nouvelle mode philologique veut lui imposer. N'y sera-t-il pas contraint et mal à l'aise? Au moins sommes-nous sûrs d'une chose, c'est que M. Berger ne se contentera pas de lui dire, comme le tailleur de M. Jourdain : « Non, il ne vous blesse point », il fera mieux, il le lui prouvera.

En attendant cette démonstration, dont le programme est de nature à piquer vivement la curiosité, nous allons ajouter quelques observations à celles que la critique a déjà faites sur la traduction allemande des chansons d'Adam et sur le commentaire qui les accompagne.

On lit dans la première pièce: *Et ki tant fait a louer*, cliché bien connu des chansons de geste. *Faire* suivi d'un infinitif avec *à*, et même sans *à*, revient huit ou dix fois dans des expressions analogues. M. Berger traduit littéralement *faire* au sens actif habituel, par « thun, handeln » ou autres équivalents : *faire a louer*, rühmenswert handeln (I, v, 5); *faire a blamer*, Tadelnswertes thun (V, iv, 2); *faire a pardouner*, Verzeiliches thun (VIII, ii, 1); *faire a merchiier*, Dankenswertes thun (XV, v, 8); *faire a haïr*, Hassenswertes thun (XX, iv, 1), etc. Or, dans cet idiotisme français, de même qu'*avoir* dans « il y a » et « geben » dans « es giebt », *faire* a perdu, dès les origines, le sens propre que la traduction lui suppose ici, lorsqu'elle rapporte aux actes la qualification attribuée au sujet. *Faire a louer*, *faire a blamer, a haïr, a desplaire*, signifient simplement « être blâmable, être louable, haïssable, déplaisant », et rien de plus. La preuve que l'expression ne vise pas les actes, c'est qu'elle s'applique couramment aux choses et s'emploie même impersonnellement. Les exemples foisonnent[1].

Cette erreur sur le sens de *faire* a fourvoyé la traduction dans les

1. En dehors de La Curne, *Dict.*, au mot *Faire*, voir *Ogier de Dan.* (Barrois), v. 3105, 3987, 11041; *Gui de Bourg.* (Guessard), v. 1222, 1933, 1954, 2988, 3834; *Conq de Jérus.* (Hippeau) v. 4415; *Raoul de Camb.* (Le Glay), p. 22, 25, 56, 81, 212, 278; *Berte* (Scheler), v. 315, 585, 1595; *Châtel. de Couci* (F. Michel), ch. II, str. 3; *Eracles* (Massmann), v. 1947.

passages suivants: VI, iv, 1, *En amour a de visses maint, Mais nus n'i fait tant a blamer Ke chou que feme cange et faint;* c'est à dire: Il y a maints vices en amour, mais nul (vice) n'y est aussi blâmable que l'inconstance de la femme et sa fausseté. La traduction comprend: mais *personne n'y commet rien* d'aussi blâmable: « In der Liebe giebt es an Lastern manches; aber *niemand begeht dabei* etwas so tadelnswertes wie das ist, wie ein Weib wechselt und heuchelt, » au lieu de: « aber keines (Laster) ist so tadelnswert wie das Wechseln und Heucheln des Weibes. »

Plus loin, XXIX, v, 5: *Povres honteus fait mieux a visiter C'uns truans ki kiert se proie*, c.-à.-d.: Mieux vaut la visite d'un pauvre honteux que celle d'un truand cupide et importun. La traduction comprend: Un pauvre honteux tire meilleur parti d'une visite (amicale) qu'un truand, etc. « Ein verschämter Armer erwirkt Besseres beim (freundlichen) Vorsprechen (Besuchen) als ein Landstreicher der seinen Gewinn sucht (fordert). »

Et le texte continue: *Coument hardement aroie De men cuer a vous moustrer, Cant cuers et langue me loie?* La leçon est fautive: *cuers*, ici au régime, a la forme du sujet; or, nulle part ailleurs il ne déroge ainsi à la règle. Et puis, comment s'expliquer que le cœur palyse le cœur? Il faut lire *cors: Cant cors et langue me loie*, ou bien corriger *Cant cuers* **le** *langue me loie*, en substituant *cors* à *cuer* dans le vers précédent, comme l'indique une ancienne correction marginale du ms. BN. fr. 12615.

II, vi, 4: *Ki s'en sara déduire et esbaudir*. La note p. 65 voit ici un verbe réfléchi *soi savoir*, qu'elle compare à l'espagn. « saberse » et à l'allem. « sich wissen ». Il n'y a rien de fondé dans ce rapprochement; le *se* appartient aux deux verbes suivants: *Ki sara s'en déduire et s'en esbaudir*.

III, v, 6-9. Voir sur la leçon adoptée et la substitution de *servant* a *sievant* les observations de M. Jeanroy, *Romania*, p. 144. M. Guy, dans la *Revue critique*, place un point après *cantant* et une virgule après *rekerant;* il faudrait dans ce cas, remplacer l'adv. *si* par la conj. *se*, substitution qu'aucun ms. n'autorise et que le sens n'impose pas.

XI, iv, 5: *Resgars pour ouvrir — Cors pour cuers dedens ravir.* Sur le déplacement de ce tiret et le contre-sens qu'il entraîne, voir la correction de M. Jeanroy.

XV, i, 8. On trouvera dans la *Romania*, p. 146-147 les rectifications de M. Gaston Paris sur *catillier* (*c'atillier*), sur *alesie*, fausse lecture pour *a le fie* (II, 10), sur *ou ne sait* pour *on ne sait* (IV, 8), sur la traduction des vers V, 4 et VI, 2.

XVII, II, 6. M. Guy a relevé la mauvaise lecture *plus* pour *puis*, de même, XVIII, I, 4, *En* pour *Et*; XXII, III, 8, *pris* pour *pis*; XXIV; II, 4, *moustre* pour *m'oste*. Ces quatre corrections sont conformes au texte de E. de Coussemaker.

XVII, VI, 1: *Canchons, di li, ke doit ke ne me paie Selon l'amour k'ele a trouvee en mi.* « Lied, frage sie, was es solle (was es bedeute) dass sie mich nicht belohnt gemäss der Liebe, die sie in mir gefunden hat. » Le premier vers n'est pas compris; *ke doit* n'a jamais eu en français le sens de l'idiotisme allemand « was soll es? » Il fallait reculer la virgule après *doit* et traduire: « Lied, sage ihr was (dass?) sie schuldig ist; dass sie mich nicht belohnt, » etc.

XX, I, 8-9. M. Gaston Paris, après avoir rectifié la traduction de *cascuns bee a deservir* et celle de l'envoi de cette même chanson, consacre la fin de son article à l'examen de deux strophes du *Congé* de Fastoul traduites en note par M. Berger, p. 62 et 301, et il en rétablit le véritable sens.

XX, IV, 4: *Et sam partir Sont escondit vilainement.* La leçon d'E. de Coussemaker: *Et s'au partir*, est bien celle des mss. BN. fr. 25566, et 12615; le ms. 847 porte: *Et se au partir.* Il est vrai que les mss. 1109 et 1591 écrivent *sans partir*, mais aucun ne donne *san* ni *sam*. De Coussemaker est donc justifié d'avoir lu et compris *s'au*, d'autant plus que le sens attribué à *sam partir* dans la traduction allemande et la note p. 297 n'est pas incontestable: « ohne zu teilen, ungeteilt, ganz und gar, unbedingt. » On peut comprendre: *Et s'au partir Sont escondit vilainement, Or ont il deus tans a soufrir*.

XXI, V, 7: *Pour cheli c'on a coisie Doit on cascune* (dame) *servir*. Rien de plus clair. Comment la traduction a-t-elle pu rendre *pour* par « trotz » malgré? Déjà plus haut, III, VI, 3, *pour contremant* avait donné lieu à une erreur semblable, « trotz Verzögerung », redressée implicitement en note par M. Suchier. Elle va reparaître tout à l'heure dans *Pour dame de tel afaire*, « ungeachtet einer Dame von solchem Wesen », contresens, au lieu de « für eine Dame ». Notre *pour* a bien quelquefois le sens de « quoique, quelque... que », qui le rapproche en effet de « trotz », mais dans des conditions de syntaxe absolument différentes.

XXIII, v, 6 : *K'em moi n'apert fors li lis Ou mes pensers frans et pius Est herbegies: Ch'est mes dius!* — Ce n'est pas « le lit » (das Lager, die Lagerstätte) qui exalte ainsi l'imagination du poète, mais « le lis », si souvent joint à la rose comme emblème de la beauté. La même pensée se retrouve plus loin. XXXIV, IV, 1, sans métaphore: *Dame, se de paradis Et de vous estoie a kius* (choix), *Pres me seroit vos dous vis, J'i aroie men repaire.*

XXIV, IV, 5: *Et oure* (,) *m'esclaire Et tient plus joli C'onkes mes cuers m'a guerpi Pour dame de tel afaire.* Le contre-sens s'étend à toute la phrase. Elle n'a pas pour sujet *ore*, indûment changé en *oure*, « eine Stunde », mais la proposition *C'onkes mes cuers m'a guerpi:* « Ce qui me rassérène et me rend à la joie, c'est que mon cuer m'ait jamais abandonné pour une dame de si haut prix. » Le *c'* de *c'onkes* n'a donc rien à voir avec « quid » interrogatif ; il représente « quod ».

XXVI, IV, 1: *E, las, j'ai a boune estrine Le conkiiet. du baston.* E. de Coussemaker avait imprimé *cunquiet* avec l'unique variante *cunhier*. A l'errata, je fis de ce *cunhier* un *cungniet* ou *cuignet*, le gâteau bien connu des étrennes populaires d'Arras. Malheureusement, l'hypothèse reposait sur une fausse lecture pour *cunkiet.* D'autre part, les mss. BN. fr. 1591 et 12615 donnent une variante que personne n'a relevée jusqu'ici: *le conchie du baston.* C'est peut-être la bonne : *le conchie* ou *conchiement, le conkiier*, c'est-à-dire la honte d'un accueil à coups de trique, — au figuré. La suggestion de M. Suchier est très ingénieuse, « le bout boueux » (le crotté) du bâton, concacatum = *conkiiet ;* mais il semble plus naturel de comprendre *le conkie* ou *le conkiier* métaphoriquement.

Plus bas, v, 8 : *Mais gaities vous dou sourjon Ke vous n'i caés souvine.* L'interprétation crûment allégorique — et bissexuelle — que, sous le voile du latin, la note prête au mot *sourjon*, « die Quelle, der Spross » (comme pendant de *vaucele*), me paraît, quelle que soit l'option, de la dernière invraisemblance. Dans cette insinuation du chansonnier jaloux contre la « trahison » éventuelle d'un rival préféré, le *sourjon*, ou la *source*[1], désigne simplement le lieu habituel des entrevues qui l'inquiètent. C'est à la fontaine que se fai-

1. *Miex aim del borc d'Arras la grant castelerie...*
Ichi n'en a forest, ne point de praerie,
Fontaine ne sorjon, *ne nule pescherie.*
Graindor, *Conq. de Jérus.* (Hippeau), v. 951, 963-4.

saient souvent les rencontres galantes. On lit ici même, X, IV, 5 : *Mar fui a le fontenele Ou je vous vi l'autre jour.* Les mots à double entente *Ke vous n'i caés souvine* laissent deviner plus délicatement la nature du danger prévu.

XXVII, v, 4, n. p. 422 : *S'aussi a chou voulies, dame, dessendre Et teus heres douner de moi aidier.* M. Berger traduit *heres* par « Aufnahmen » accueil, et discute savamment l'origine de ce mot, qui, d'après un exemple tiré du fabliau de l'*Enfant prodigue* par Courtois d'Arras, lui paraît appartenir plus spécialement au dialecte de cette ville. Il le rattache au lat. *æs, æris*, pl. *æra*, airain, monnaie, salaire, et par extension, accueil. Cependant sa dérivation d'*aer aeris*, pl. bas-latin *aera*, air, mine, figure, d'ou accueil, ne lui semble pas non plus invraisemblable. Cette enquête porte à faux. Ce que le chansonnier demande à sa dame, ce sont des « arrhes », du lat. *arrha*, gages. On sait que jusqu'aux temps modernes, le mot s'écrivait et se prononçait *erres*, *errhes*. Quant à l'autre *heres*, celui de Courtois, on peut le rattacher à *æs*, *æris*, mais ce n'est qu'une conjecture.

XXIX, IV, 9: *Anchois mourir me lairoie Et de merchi afamer Par consirer.* Je comprends : Plutôt que d'oser demander la faveur que j'espère, je me laisserais, de votre amour affamé, mourir d'inanition — par abstinence, par *consirer*, c'est-à-dire par *consirée*, — sans rattacher *consirer* à *de merchi*, comme le fait la traduction, « vor Sehnsucht nach Gnade ».

XXXI, III, 1 : *Trop me fistes longuement, Amis, a mi proiier ent.* [illegible] Coussemaker avait imprimé l'inintelligible *me sistés*. J'improvisai [illegible] l'errata *mefistes*. C'est cette même correction qu'ont opposée M. Guy, p. 457, et M. Jeanroy, p. 147, à la leçon de M. Berger. Je ne pourrais qu'être très flatté de la rencontre, si je n'avais eu depuis la certitude que la glose est aussi fausse que le texte. Remarquons d'abord que *mefistes* exigerait, sous peine de contresens, une négation devant le verbe suivant : *Trop mefistes longuement, amis, a* ne pas *mi proiier ent*. Ensuite nos deux ms. de Paris écrivent très nettement *mesistes*, parfait de « mettre ». Or, *mettre longuement*, *mettre granment à*[1] est un idiotisme de notre vieille langue pour « mettre long temps, mettre grand temps, tarder ». Les vers ci-dessus doivent

1. Empereres, n'as tu honte de ce que si longuement as mis a tretier une fame? — B. N. ms. fr. 17229, XIIIe s. *La vie et le martire sainte Katerine*, f° 350 v°. — Al traire n'ont pas mis granment. — Gaut. d'Arras, *Eracles*, v. 981 (Massmann).

donc se lire : *Trop mesistes longuement, Amis, a mi proiier ent.* « Ami, vous avez trop tardé à m'en prier. »

En dehors des ponctuations vicieuses et des fautes d'impression déjà signalées par la critique, on pourrait relever çà et là dans les textes diverses irrégularités, ou voulues ou accidentelles, car on peut s'y tromper. Pourquoi, par exemple, *es* pour *est* dans *ch'es chou* (I, III, 2) ? On y a vu un système ; j'y vois une coquille. Mais pourquoi *a vis* (XIV, III, 3) à côté d'*avis* (XIV, V, 7) ? Pourquoi décomposer de même *a seür* (IX, IV, 5), *a paiies* (XXV, V, 5), *en grant* — fém. *engrande* — (XXII, III, 3). Ce ne sont là, il est vrai, que des détails de médiocre importance. Laissons-les donc de côté pour dire un dernier mot de quelques personnages mentionnés dans le commentaire.

N'avoit mie cuer de felon Au tans le bailliu Névelon, Ains que cis quens venist a terre (p. 62). Ces vers du *Congé* de Fastoul s'appliquent à Nicolon du Castel, — que M. Berger écrit théoriquement *Nikelon*, comme ailleurs *Guienois* pour *Wionois* (p. 124), contrairement à la pratique des titres originaux contemporains. Le nom de ce bourgeois d'Arras figure dans divers actes. Dès 1224, un nouveau bailli d'Arras avait succédé à Névelon, et c'est après la mort de Louis VIII en 1226 que son fils Robert d'Artois « vint à terre ». — non pas « en terre » (ehe dieser Graf in die Erde ginge), comme dit la traduction, qui prend ici une investiture pour un enterrement.

C'est donc au temps de l'expédition en Angleterre du prince Louis et de Névelon le Maréchal (1216-1217), sinon à cette campagne elle-même, que se rattacherait le souvenir consacré par le poète à la bravoure et à la belle prestance militaire de Nicolon. Il était d'ailleurs, par sa fille Marie, le beau-père d'un noble chevalier, Renaud d'Amiens, et le père de Bauduin et Thomas (v. *Hist. litt.*, XXIII, p. 493). Est-il aussi le père d'un autre Nicolas et de Robert du Chastel, le chansonnier (*ibid.*, p. 751) ? Je l'ignore. On n'est pas plus certain que ce dernier soit *Robert le Clerc*, l'auteur des *Ver de la Mort*, comme l'a présumé M. L. Passy. « Le Clerc » était déjà nom de famille, et nous trouvons un Robert le Clerc inscrit au *Nécrologe* en 1272[1].

Il a été question ailleurs des *Wionois*, à propos des *Satires artésiennes*[2]. *Jakemon Wion* est appelé par Fastoul « le roi de la table

1. V. dans le *Moyen Age*, an. 1900, notre article *La Satire à Arras*, p. 18 — Tirage à part, p. 50.
2. V. *ibid.*, an. 1899, *La Satire à Arras*, p. 256. — Tirage à part, p. 21.

ronde »; c'est qu'il avait été vainqueur dans une des joutes ainsi dénommées: elles étaient alors en grande vogue, et les chroniqueurs nous en ont conservé le souvenir[1]. Cette allusion, interprétée p. 62, ne vise certainement pas la table de sa salle à manger.

Je ne vois pas non plus pourquoi *Perrin* d'*Angecourt* ou d'*Anchicourt* serait originaire d'Achicourt-lèz-Arras, qui s'écrivait alors et aux siècles suivants *Harcicourt*, *Harcecourt*, *Harchicourt*. M. Berger risque quelque part (p. 278) *Perrin d'Hachecourt* avec une *H*, mais rien ne l'y autorise. Il est certain que les toponymes *Angecourt* et *Angicourt* s'adaptent beaucoup mieux au nom du chansonnier. Qu'importent ses relations avec le Puy d'Arras? Il n'en reste pas moins aussi difficile d'identifier *Angecourt* et *Harcicourt* au XIIIe siècle, que d'accepter comme sérieuse l'étymologie « Axthof » (cour de la hache), ou bien l'apostrophe qui transforme notre trouvère artésien *Andrieu Douche*, écrit d'*Ouche*, en Normand du « pagus Utencis ».

Robert Nasart, le destinataire de la chanson XX, fait l'objet d'une note très développée (p. 299-304). En dehors des rectifications de M. Gaston Paris déjà signalées, certains détails de cette note sont à relever. M. Berger croit les *Nasart* originaires de Chevremont[2] : le « Kievremont » du *Congé* de Fastoul est une ancienne rue d'Arras, *Capre mons* au *Cart.* de Guiman, p. 209. D'après lui, les personnages cités à la suite d'Henri Nasart, dans une strophe du *Congé* d'Adam, doivent prendre ce même nom de famille ; celui qu'ils portent serait un sobriquet. Il n'en est rien : *Gilles li peres* et *Jehan Joie* sont bien le père et le fils, et non des Nasart. « Joie » n'est pas un sobriquet, mais le nom d'une famille bourgeoise dont on connaît une douzaine de membres au XIIIe siècle. Travestir pour les besoins de la cause *Jehan Joie* en *Jehan* « l'Oie », c'est l'insulter gratuitement.

Colart Boidin du *Congé* de Fastoul n'est pas davantage un Nasart; il appartient, comme les précédents, à une nombreuse famille dont « Boidin » est le véritable nom. Comme eux, il serait sans doute peu flatté de se voir transformé en « Boudin » et traité de « Klaus Bausback, souffleur de boudin » dans le pays de Hans Wurst.

On voit que les noms se prêtent à toutes les fantaisies étymologiques comme à toutes les déformations. Le trouvère Alart de « Caus»

1. « Item, l'an M.CC.III^xx^ et XI, Acre fu destruite des Sarasins. Adont fu la table ronde à Lille des bourgois ; si en fu rois sires Jehans li Nies. » — *Bibl. com. de Lille*, ms. du XVe siècle, petit reg. papier, *Chron.*

2. Il y a diverses localités de ce nom en France et en Belgique.

en fournit un nouvel exemple[1]. Ainsi estropié déjà dans Dinaux et l'*Hist. litt.*, il est traduit ici (p. 387) par « de Calcibus » et « de Caulibus ». On comprendrait *de Caux, de Caleto*, mais « des choux »! et « des chaux »! Il s'appelait en réalité Alart de Cans, frère de Renaud de Cans, seigneur de Croisilles, deux noms chevaleresques mêlés aux grands événements de notre histoire, depuis le XIIe siècle jusqu'au milieu du XIIIe[2]. On ne saurait dire qu'Alart soit d'Arras (« der Arraser Alart »), mais au moins Croisilles en est-il proche; tandis que Nesle, en pleine Picardie, et Baisieux, sur la frontière belge ne peuvent sembler « près d'Arras » qu'à qui les voit de Berlin[3].

Bapaume aussi est de son voisinage, leurs châtellenies se touchent. Ce n'est cependant pas une raison pour confondre les châtelains, la famille d'Arras avec celle de Beaumetz, en donnant à celle-ci le château d'Arras qu'elle ne posséda jamais, et à celle-là une alliance imaginaire avec les vidames d'Amiens (p. 331).

Mais ce serait à n'en pas finir, si l'on voulait examiner par le menu chaque page du volume si rempli de M. Berger. Il est temps de couper court à ce commentaire d'un autre commentaire. Aussi bien a-t-il à son tour amplement justifié la boutade de Montaigne: « Nous ne faisons que nous entregloser[4]. »

A. GUESNON.

Avril 1901.

1. V. *Sigillographie d'Arras*, p. XIV-XV (1865).
2. L. Delisle, *Catal. des actes de Ph.-Aug.*, n° 1358.
3. « Blondel aus Neele bei Arras, » p. 197. — « Jakes de Baisieux bei Arras, » p. 104, 250, 374.
4. *Essais*, l. III, ch. XIII.

CHALON-SUR-SAÔNE, IMP. FRANÇAISE ET ORIENTALE DE E. BERTRAND

www.ingramcontent.com/pod-product-compliance
Lightning Source LLC
LaVergne TN
LVHW010329230826
846091LV00009B/3784

* 9 7 8 2 0 1 9 9 1 7 8 9 0 *